Bibliografische Information der Deutschen Nationalbibliothek
Die Deutsche Nationalbibliothek verzeichnet diese Publikation
in der Deutschen Nationalbibliografie; detaillierte bibliografische
Daten sind im Internet über http://dnb.d-nb.de abrufbar.

Bibliographisches Institut GmbH, Dudenstraße 6, 68167 Mannheim


**Redaktionelle Leitung**  Annette Güthner
**Texte**  Dr. Christine Schlitt
**Lektorat**  Angelika Sust
**Pädagogische Beratung**  Ulrike Holzwarth-Raether, Sina Hornung

**Herstellung**  Claudia Rönsch
**Layout**  Horst Bachmann
**Illustrationen**  Barbara Scholz
**Umschlaggestaltung**  Mischa Acker
**Satz**  Sigrid Hecker, Mannheim
**Druck und Bindung**  Offizin Andersen Nexö Leipzig GmbH
Spenglerallee 26–30, 04442 Zwenkau

Printed in Germany
ISBN 978-3-411-80929-5

**Duden**

# Endlich
# Schulkind!

Alles, was ich über die Schule wissen will

Dudenverlag
Mannheim · Zürich

Hier kannst du ein Foto
von deinem ersten Schultag
einkleben.

Hallo du! Wir sind Luzie und Ben! Auf dieser Seite ist Platz für deine Eintragungen und für ein Foto von dir!

Das bin ich an meinem ersten Schultag!

Meine Schule: _____

Meine Klassenlehrerin/
Mein Klassenlehrer: _____

Meine Lieblingsfächer: _____

Meine beste Freundin/
Mein bester Freund: _____

# Inhalt

# Luzie besucht ihre Schule

Auf diesen Tag hat sich Luzie lange gefreut. Mit ihrer Kindergartengruppe und der Erzieherin, Frau Fröhlich, besucht sie zum ersten Mal ihre künftige Schule.

Denn Luzie ist bald ein Schulkind. Neugierig und aufgeregt schaut sich Luzie um, als sie und die anderen Kinder das Schulgebäude betreten.

Im Schulhaus heißt Frau Sperling die Vorschulgruppe herzlich willkommen. „Nach den Sommerferien kommt ihr in die Schule", sagt die Lehrerin. „Und damit ihr euch beim Schulanfang schon gut hier auskennt, machen wir jetzt eine Schulhausrallye!" „Das klingt spannend", denkt Luzie. „Die Kinder aus der 2 a werden euch begleiten", sagt Frau Sperling. „In eurem ersten Schuljahr werden sie eure Paten sein. Sie kümmern sich um euch, wenn ihr Fragen oder Probleme habt."

Frau Sperling teilt Blätter mit Fragen aus. Wie viele Feuerlöscher gibt es im zweiten Stock? Wie heißt der Hausmeister? Finde den Weg zur Turnhalle! Luzies Patin und Begleiterin bei der Rallye heißt Paula. Gemeinsam machen sie sich auf den Weg durchs Schulhaus und lösen alle Rätsel. Zum Abschluss bekommen die Kinder eine Urkunde. „Das hat Spaß gemacht", freut sich Luzie.

Einige Wochen später dürfen die Vorschulkinder wieder in ihre Schule. Gemeinsam mit ihren Paten basteln sie ein Bilderbuch. Vor den Sommerferien machen alle zusammen einen Ausflug in den Zoo, und auch zum Schulfest sind die künftigen Erstklässler eingeladen. Jetzt fühlt sich Luzie gar nicht mehr fremd in der Schule.

## Wie ist die Schule?

Luzie freut sich auf die Schule. Aber ein bisschen mulmig ist ihr auch zumute. Alles ist so neu. Wie wird es wohl in der Schule sein? Sind die Lehrer streng? Was ist, wenn sie etwas nicht versteht? Kommt sie mit ihrer besten Freundin Finja in eine Klasse? Wie gut, dass Luzie Ben, Mama und Papa fragen und von ihren Sorgen erzählen kann! Wie fühlst du dich, wenn du an die Schule denkst?

5

# Was heißt „schulfähig"?

Heute wird Luzie in der Schule ange-
meldet. Mit Mama und Papa sitzt sie im
Zimmer der Rektorin, Frau Buchholz.
Die ist die Leiterin der Grundschule.
Frau Buchholz trägt Luzies Namen und
Geburtstag in den Anmeldebogen
ein und legt eine Akte an. Sie schreibt
auch die Namen von Luzies Eltern mit
Adresse und Telefonnummer dazu. „Gibt
es jemanden, mit dem du gerne in eine
Klasse kommen möchtest?", fragt Frau
Buchholz. Luzie muss nicht lange über-
legen. Mit Finja natürlich, ihrer besten
Freundin, und Emil, ihrem besten Freund!

## Meine eigene Schulakte

Lege dir deine eigene Akte an – wie
Frau Buchholz bei der Anmeldung – mit
Name, Adresse, Telefonnummer, dem
Namen deiner Schule ... Falte dazu zwei
DIN-A4-Blätter in der Mitte und hefte
sie im Falz zusammen. Jetzt kannst
du alles Mögliche ergänzen, auch deine
Lieblingsfarbe und Lieblings-
musik, dein Lieblings-
essen, Lieblingstier sowie
deine Hobbys – du
kannst schreiben, malen
oder Bilder ausschnei-
den und einkleben.

Einige Wochen später ist die schulärztliche Untersuchung. „Warum muss ich denn zu einem Arzt?", fragt Luzie. „Ich bin doch nicht krank!" Mama lacht. „Alle Kinder werden vor der Einschulung untersucht", sagt sie, „um festzustellen, ob sie schulfähig sind." Mama begleitet Luzie zu der Untersuchung. Zuerst notiert die Ärztin, wie groß und wie schwer Luzie ist. „Jetzt machen wir einen Seh- und einen Hörtest", sagt die Ärztin. Auf einer Tafel an der Wand soll Luzie kleine Bilder und danach über einen Kopfhörer verschieden hohe Töne erkennen. Anschließend darf Luzie ein Haus, einen Baum und sich selbst malen. Und zum Schluss bittet die Ärztin Luzie, auf einem Bein zu hüpfen und auf einer Linie auf dem Fußboden entlang zu balancieren. „Ach, das war ja gar nicht schlimm," denkt Luzie vergnügt.

7

Kurz vor den Sommerferien findet in der Schule ein Einschulungsspiel statt. „Heute dürft ihr zeigen, was ihr schon so alles könnt", sagt Frau Sperling. Juhu – darauf freut sich Luzie sehr. Zunächst spielen alle zusammen ein Spiel. Dann zeigt die Lehrerin ein lustiges Wimmelbild. Sie bittet Luzie, die Bäume auf dem Bild zu zählen. Luzie ist stolz, denn zählen kann sie schon gut. Das übt sie immer mit Ben.

# Was braucht Luzie alles?

In den Sommerferien kommt ein Brief von der Schule – an Luzie persönlich! Er ist von Frau Sperling. Sie wird Luzies Klassenlehrerin sein. Für die Eltern liegt eine Liste in dem Brief mit ganz vielen Dingen, die Luzie für die Schule braucht, zum Beispiel ein einstöckiges Mäppchen, extra dicke Holzbuntstifte, Wachsmal- stifte, Hefte, Wasserfarben und Pinsel, Knete, ein Schlampermäppchen für Klebstoff und Schere, eine Sammelmappe für Zeichnungen, einen Turnbeutel sowie eine Brotdose und eine Trinkflasche. Einen Schulranzen hat Luzie schon, einen knallig gelbgrünen mit Leuchtstreifen. Zusammen mit Papa beschriftet Luzie alles mit ihrem Namen. So können ihre Sachen in der Schule nicht verwechselt werden. Und dann übt sie schon mal, den Ranzen ein- und auszupacken.

Luzie bekommt auch einen Schreibtisch und einen Schreibtischstuhl für ihr Kinderzimmer. Hier wird sie später einmal ihre Hausaufgaben machen. Mama und Papa achten darauf, dass Stuhl und Tisch in der Höhe verstellbar sind. Luzie darf im Geschäft mehrere Schreibtische ausprobieren. Sie entscheidet sich für einen Tisch, bei dem man die Arbeitsfläche schräg stellen kann. Das ist superbequem, denn so muss man sich bei den Hausaufgaben nicht so sehr über den Tisch beugen. Am Rand gibt es eine Auffangleiste, damit Hefte und Stifte nicht abrutschen.

9

## Meine eigene Schultüte

Zusammen mit einem Erwachsenen kannst du dir ganz einfach selbst eine Schultüte basteln:

1. Schneide aus Fotokarton (DIN A2) einen Viertelkreis aus mit etwa 50 cm langen Kanten.
2. Rolle den Viertelkreis eng zu einer Tüte und klebe sie an den langen Kanten zusammen.
3. Bestreiche die Öffnung der Tüte innen mit Klebstoff und klebe ein großes Stück Krepppapier fest. Das kannst du später mit einem bunten Band zusammenbinden.
4. Beklebe die Tüte mit lustigen Motiven.

# Das Einschulungsfest

Endlich ist es so weit! Heute ist Luzies erster Schultag. Sie ist ganz aufgeregt. Zusammen mit ihren Eltern macht sie sich auf den Weg in die Schule – mit ihrem neuen Schulranzen auf dem Rücken und der Schultüte im Arm. Die Tüte ist ganz schön schwer. Mama hat kleine Geschenke und auch ein paar Süßigkeiten hineingesteckt. Am liebsten würde Luzie sie jetzt schon auspacken ...

Die Schulanfänger und ihre Eltern versammeln sich in der Aula der Schule. Das ist ein großer Saal mit einer Bühne. Es herrscht ein Riesentrubel. Dann kommt Frau Buchholz, die Rektorin, auf die Bühne und begrüßt die Anwesenden. „Heute ist euer erster Schultag. Das wollen wir feiern!" Nach der kurzen Rede führen die Dritt- und Viertklässler ein Theaterstück auf, das von dem kleinen Piraten Ben handelt, der unbedingt in die Schule gehen will. „Hihi", denkt Luzie, „mein Ben würde sicher auch gern mit mir in die Schule gehen!"

Nach dem Theaterstück beginnt Frau Sperling, die Namen aller Kinder vorzulesen, die in die Klasse 1 a kommen. Luzie sitzt ganz still da und wartet mit Herzklopfen, bis sie aufgerufen wird. Dann wird auch Emils Name vorgelesen. Super, Luzies bester Freund ist in ihrer Klasse! Leider kommt Finja in die 1 b. Luzie ist enttäuscht. „Aber du kannst mit Finja immer in den Hofpausen spielen", tröstet Papa sie. Zum Schluss macht ein Fotograf ein Klassenfoto.

## Ein Album basteln

Willst du dir ein Erinnerungsalbum von deinem ersten Schultag basteln? Lege mehrere Bögen buntes Tonpapier (DIN A4) aufeinander und klebe sie auf einem etwa 2 cm breiten Streifen zusammen. Stanze mit dem Locher an der geklebten Seite acht bis zehn Löcher in dein Album und fädle buntes Geschenkband hindurch. Jetzt kannst du Fotos und selbstgemalte Bilder einkleben und das Titelblatt gestalten: „Mein erster Schultag!"

# Luzies Klassenzimmer

Zusammen mit Frau Sperling, Emil und den anderen Kindern der 1a macht sich Luzie auf den Weg von der Aula in ihr Klassenzimmer. Sie laufen einen langen Flur entlang und bleiben vor einer Tür stehen, an der eine große selbst gebastelte gelbe Ente hängt. „Das ist euer Klassenzimmer. Ihr könnt es immer an der Ente erkennen", sagt Frau Sperling beim Betreten des Klassenraums.

„Quaaak", macht es dort auf einmal ganz laut. Luzie und die anderen Kinder kringeln sich vor Lachen. Neben Frau Sperling taucht plötzlich eine Handpuppe auf, die wie eine Ente aussieht. „Das ist Quaki, unser Klassenmaskottchen", stellt Frau Sperling die Ente vor. „Quaki will zusammen mit euch lesen, schreiben und rechnen lernen. Stimmts, Quaki?" „Quaaak", macht Quaki wieder ganz laut.

## Mein Klassenzimmer

Luzie findet ihr Klassenzimmer ganz toll und beschreibt es Ben zu Hause genau. Wie stellst du dir dein Wunschklassenzimmer vor? Vielleicht hast du noch andere Ideen, wie es aussehen könnte?

Dann sehen sich die Kinder im Klassenzimmer um. „Spannend", denkt Luzie. „Was es hier alles gibt!" Ganz vorne steht der Lehrertisch, und dahinter ist eine große Tafel. In der Mitte des Raumes ist ein Stuhlkreis aufgebaut, und ein paar Tische stehen am Rand. An den Wänden sieht Luzie Regale mit Holzkisten und Büchern und weiter hinten eine gemütliche Lese- und Spielecke. Es gibt zwei Computer und einen CD-Player und jede Menge Bilder und Pflanzen. Und auch die Ente Quaki taucht überall im Klassenzimmer auf. Entdeckst du, wo?

# Luzies Klasse

„Jetzt wollen wir uns erst einmal kennen-
lernen", sagt Frau Sperling und holt
Quaki hervor. „Wie ihr ja schon wisst,
heiße ich Frau Sperling und bin für die
nächsten zwei Jahre eure Klassenlehrerin.
Ich unterrichte euch in allen Fächern
außer in Sport und Religion. In meiner
Freizeit lese ich gern, mein Lieblingsessen
ist Pizza, und mein Lieblingstier ist Quaki.
Und wer bist du?", fragt sie Luzie, die
rechts neben ihr sitzt. „Ich heiße Luzie,
und mein Lieblingstier ist mein Hund
Ben", sagt Luzie. Reihum stellen sich alle
Erstklässler vor.

„Bestimmt seid ihr schon gespannt, wo
und neben wem ihr sitzt", sagt Frau
Sperling. „Na klar", denkt Luzie, „hoffent-
lich sitze ich neben Emil." Im Klassenzimmer gibt es vier Tischgruppen, an
denen mehrere Kinder Platz haben.
Luzie ist glücklich, als sie hört, dass jeder
seinen Platz selbst aussuchen darf. Sie
geht zu einem der vorderen Tische und
lächelt Emil zu.

Aber ihr Freund setzt sich nicht zu ihr, sondern neben Selman, den türkischen Jungen aus ihrer Kindergartengruppe. „Och, wie blöd!", denkt Luzie und schaut enttäuscht auf den leeren Stuhl neben sich. Doch plötzlich steht ein blondes Mädchen mit Sommersprossen neben ihr. „Kann ich mich neben dich setzen?", fragt sie schüchtern. „Ja!", sagt Luzie erfreut. „Ich heiße Lotta", sagt das Mädchen. „Und ich bin Luzie."

Als alle Kinder einen Platz gefunden haben, verteilt Frau Sperling Papier und Buntstifte. „Damit ihr morgen euren Platz gleich wieder findet und ihr euch die Namen eurer Mitschüler besser merken könnt, basteln wir Namensschilder. Malt euch selbst mit eurem Lieblingstier. Wenn ihr euren Namen schreiben wollt, helfe ich gern", sagt Frau Sperling. Luzie malt sich und Ben. Dann bittet sie Frau Sperling, ihr beim Schreiben zu helfen. Das fertige Namensschild stellt sie vor sich auf den Tisch.

Der erste Schultag ist zu Ende. Die Zeit verging wie im Nu! Vor der Tür warten schon Ben, Mama und Papa, um Luzie abzuholen. Luzie freut sich jetzt darauf, endlich zu Hause ihre Schultüte mit den kleinen Geschenken auszupacken. Was da wohl alles drin ist?

# Wie sieht die Schule aus?

„Heute möchte ich mit euch einen Rundgang durch die Schule machen", sagt Frau Sperling am nächsten Morgen. Zuerst geht Luzies Klassenlehrerin mit den Kindern der 1 a in einen Raum mit vielen Tischen und Bücherregalen. „Das ist das Lehrerzimmer", sagt sie. „Jeder Lehrer hat hier einen Platz, einen Schrank und ein Fach, wo er seine Tasche und Material für den Unterricht ablegen kann. Hier finden auch Besprechungen statt, die Lehrerkonferenzen."

Gleich neben dem Lehrerzimmer gibt es noch ein weiteres Zimmer, in dem eine Frau mit einer großen Brille am Schreibtisch sitzt. „Das ist Frau Hofmann, die Sekretärin der Schule", sagt Frau Sperling. „Was macht eine Sekretärin?", fragt Luzie. „Gute Frage, Luzie. Frau Hofmann schreibt zum Beispiel Briefe an die Eltern oder Einladungen zum Elternabend. Sie ruft bei euch zu Hause an, wenn ihr in der Schule krank werdet, damit euch eure Eltern abholen. Und bei ihr steht der Erste-Hilfe-Kasten, wenn mal jemand ein Pflaster braucht."

# Hurra, die Schule fängt an!

Anschließend kommen Frau Sperling und die Klasse an den Toiletten vorbei. „Merkt euch den Weg hierher gut, damit ihr ihn schnell findet, wenn ihr mal müsst." „Und was ist, wenn wir im Unterricht aufs Klo müssen?", fragt Emil. „Das ist kein Problem", sagt Frau Sperling. „Dann meldet ihr euch und sagt, dass ihr zur Toilette gehen möchtet."

Als sie den Waschraum betreten, sieht Luzie den Hausmeister, Herrn Weber. Den hat sie bei der Schulhausrallye schon kennengelernt.

Herr Weber repariert gerade einen Wasserhahn. „Und was ist ganz wichtig, wenn man auf die Toilette geht?", fragt Herr Weber. „Hände waschen, natürlich!", ruft Selman. „Genau, und zwar vorher und nachher!", lacht Frau Sperling.

Luzie weiß jetzt nicht nur, wo das Lehrerzimmer, das Sekretariat und die Toiletten sind. Frau Sperling zeigt den Kindern auch noch die Turnhalle und den Sportplatz, den Kunstraum, das Musikzimmer, die Werkstatt, die Küche, die Schulmensa und die Bücherei, wo alle Schüler einmal pro Woche ein Buch ausleihen und mit nach Hause nehmen dürfen. „Uff, so viele Räume", sagt Lotta leise zu Luzie. Aber Frau Sperling beruhigt die Erstklässler: „Ihr werdet sehen, dass ihr euch schon bald sehr gut auskennen werdet in eurer Schule!"

# Auf dem Schulweg

Luzie geht zu Fuß zur Schule. Bereits vor der Einschulung haben ihre Eltern den sichersten Schulweg erkundet und üben nun regelmäßig mit ihr, den Weg zu gehen. Heute sind Papa und Ben dabei. Papa erklärt Luzie, worauf sie achten muss. Luzie bleibt immer auf dem Gehweg, möglichst weit vom Straßenrand entfernt.

Einige Male muss sie die Straße überqueren. An der Fußgängerampel bleibt sie stehen, bis das grüne Ampelmännchen erscheint. Bevor sie losgeht, schaut sie sicherheitshalber noch einmal nach links und nach rechts, ob auch wirklich alle Fahrzeuge stehen. „Schau die Fahrer an und gehe erst los, wenn du ganz sicher bist, dass sie dich sehen", sagt Papa. „Und was machst du, wenn die Ampel mal ausfällt?", fragt er. „Dann gehe ich den kleinen Umweg zum nächsten Zebrastreifen", sagt Luzie.

## Mein Schulweg

Kennst du deinen Schulweg? Weißt du, worauf du achten musst? Luzie und Ben haben sich Folgendes gemerkt:

* Gehe immer auf dem Gehweg.
* Überquere Straßen möglichst an Ampeln, Zebrastreifen oder Mittelinseln.
* Hebe dabei den Arm, um auf dich aufmerksam zu machen.
* Achte an Ampeln auch auf abbiegende Fahrzeuge.
* Gehe rechtzeitig von zu Hause los. Wer in Eile ist, achtet weniger auf den Verkehr.
* Trage helle Kleidung, vor allem im Winter und bei Regen. So sehen dich Autofahrer besser.

Nach einigen Wochen traut sich Luzie den Weg alleine zu. Mama bringt sie am Morgen bis zur ersten großen Kreuzung und wartet, bis Luzie die Straße überquert hat. Dann geht Luzie bis zur nächsten Straßenecke. Dort stehen bereits Emil und Finja. „Ich weiß eine super Abkürzung zur Schule", sagt Finja auf einmal. Luzie und Emil schauen sich an und schütteln den Kopf. „Nee, Finja, lass mal!", erwidert Luzie. „Da müssen wir über die breite Straße ohne Ampel. Wir gehen lieber hier entlang. Das ist zwar ein bisschen länger, aber dafür sicher."

Unterwegs werden sie von einigen Viertklässlern mit dem Fahrrad überholt. „Die haben es gut", sagt Emil. „Die sind viel schneller in der Schule als wir." „Die haben aber auch bestimmt schon die Fahrradprüfung gemacht", antwortet Finja. „Wenn wir die Prüfung gemacht haben, können wir auch mit dem Fahrrad fahren."
Als Luzie, Finja und Emil in der Schule ankommen, hält gerade ein Schulbus vor dem Gebäude. Er bringt die Kinder, die etwas weiter weg wohnen und nicht zu Fuß zur Schule gehen können.

# Der Stundenplan

Die Ganztagsschule beginnt jeden Morgen um acht Uhr und dauert bis zum Nachmittag. Ein Schultag ist sehr abwechslungsreich mit ganz unterschiedlichen Unterrichtsfächern. Damit Luzie und die anderen Schüler der Klasse 1 a wissen, wie jeder Schultag abläuft, hat Frau Sperling im Klassensaal an der Seitentafel einen großen Plan aufgehängt. Darauf stehen die einzelnen Wochentage mit der Reihenfolge der jeweiligen Fächer. Für jedes Fach zeigt der Plan ein bestimmtes Bild.

Luzie

Lotta

Emil

Isabella

Fabian

Sarah

Marcel

Neben dem Stundenplan hängt noch ein anderer Plan. Denn jede Woche gibt es verschiedene Klassendienste zu erledigen: Blumen gießen, lüften, Müll ausleeren, Heizung an- und ausschalten, Tafel putzen sowie Lese- und Spielecke aufräumen und Musikinstrumente holen. Jeden Montag dürfen sich die Erstklässler für einen Dienst melden, den sie die Woche über verrichten. Frau Sperling schreibt dann den Namen des Kindes neben das jeweilige Zeichen für den Dienst an die Seitentafel. In dieser Woche hat sich Luzie für den Blumendienst gemeldet. Lotta hat den Mülldienst übernommen und Emil den Tafeldienst.

# Luzies Tag in der Schule

Luzie hat Sachunterricht, Religion, Musik, Kunst, Sport, Rechnen sowie Lesen und Schreiben. Außerdem gibt es Sitzkreise, Pausen, das Mittagessen, Lernzeiten für die Hausaufgaben und Spielzeiten. Errätst du, was die Bilder bedeuten ?

| | Montag | Dienstag | Mittwoch | Donnerstag | Freitag |
|---|---|---|---|---|---|
| 🕐 | | | | | |
| 🕐 | 2+2=4 | 2+2=4 | 2+2=4 | 2+2=4 | 2+2=4 |
| | Kleine Pause | Kleine Pause | Kleine Pause | Kleine Pause | Kleine Pause |
| 🕐 | | | | | |
| 🕐 | | | | | |
| 🕐 | Hofpause | Hofpause | Hofpause | Hofpause | Hofpause |
| 🕐 | | | | | |
| | Kleine Pause | Kleine Pause | Kleine Pause | Kleine Pause | Kleine Pause |
| 🕐 | | | | | |
| 🕐 | | | | | |
| 🕐 | | | | | |
| 🕐 | HAUS-AUFGABEN | HAUS-AUFGABEN | HAUS-AUFGABEN | HAUS-AUFGABEN | HAUS-AUFGABEN |
| 🕐 | | | | | |

# Was passiert im Unterricht?

Luzies Unterricht beginnt jeden Morgen mit einem Sitzkreis. Das kennt Luzie schon vom Kindergarten. Die Kinder sitzen alle zusammen in einem großen Kreis und singen ein Begrüßungslied. Anschließend erzählt Frau Sperling eine Geschichte, oder die Klasse spricht über ein bestimmtes Thema. Immer montags gibt es eine Erzählrunde – da darf jeder berichten, was er am Wochenende erlebt hat oder was ihn gerade beschäftigt. Dann müssen alle leise sein, gut zuhören und denjenigen, der gerade spricht, ausreden lassen.

Im Unterricht sitzen Luzie und ihre Klassenkameraden an vier großen Sechsertischen. Frau Sperling schreibt Buchstaben, Wörter oder Rechenaufgaben an die Tafel. Manchmal findet es Luzie ziemlich knifflig, Aufgaben allein zu lösen. Aber wenn sie nicht weiterweiß, meldet sie sich und fragt einfach nach oder bittet Frau Sperling um Hilfe. Oft arbeiten die Kinder auch in Gruppen oder zu zweit. Dann stellt Frau Sperling eine Aufgabe, die Luzie mit ihren Tischnachbarn bearbeiten muss.

Einige Kinder kommen mit den anderen in der Klasse nicht so gut zurecht. Sie rennen während des Unterrichts herum, machen Dinge im Zimmer kaputt und haben Probleme, allein zu lernen. Deshalb ist Herr Martin immer in der Klasse. Er ist Integrationshelfer und kümmert sich um sie. Herr Martin unterstützt auch Kinder, die aufgrund einer körperlichen Behinderung Hilfe brauchen, zum Beispiel im Sportunterricht.

Am Ende jeder Stunde gibt Frau Sperling Hausaufgaben für die Lernzeit am Nach- mittag auf: eine Seite im Lesebuch lesen, einen neuen Buchstaben schreiben oder Rechenaufgaben lösen. Luzie versucht, alle Hausaufgaben sorgfältig in ihr Haus- aufgabenheft einzutragen.

## Muss ich mich melden?

„Im Unterricht darf man nicht einfach drauflossprechen, weißt du, Ben?", sagt Luzie eines Nachmittags. „Man muss sich melden. Dann hebt man den Arm ganz hoch, damit Frau Sperling sieht, dass man etwas sagen möchte. Weißt du auch, warum man sich im Unterricht melden muss, Ben? Was würde wohl passieren, wenn Frau Sperling etwas fragt und alle Kinder einfach auf einmal antwor- ten würden, hm?"

# Frühstück und Pause

Zum Glück muss Luzie nicht den ganzen Morgen lang still sitzen. Denn zwischen den Unterrichtsstunden gibt es viele Pausen. Während der kleinen Pausen bleiben die Schüler im Klassenraum. Die Fenster werden kurz geöffnet, und alle dürfen herumlaufen und sich bewegen. Jeden Morgen um 9:45 Uhr ist Frühstückspause. Dann sitzen die Kinder an den Tischen im Klassenzimmer und essen ihr mitgebrachtes Pausenbrot. Luzie freut sich immer schon auf das Frühstück, denn Mama oder Papa machen leckere Brote. Zu trinken hat sie meist Apfelschorle dabei.

## Gesundes Frühstück

Luzie isst in der Frühstückspause am liebsten ein Salamibrot mit Gurke. Meist hat sie auch eine Banane, einen Apfel, eine Karotte oder Müsli dabei. Mama sagt, ein gesundes Frühstück und viel Trinken helfen, dass man gut denken und sich konzentrieren kann. Was ist dein Lieblingspausenbrot?

Nach der Frühstückspause klingelt es zur Hofpause. Dann gehen alle Klassen raus an die frische Luft auf den Pausenhof. Die Kinder toben, spielen oder klettern auf das riesige Klettergerüst. Am Anfang standen Luzie und Lotta nur am Rand und haben das Treiben beobachtet. So viele Kinder! Und so laut! Im Kindergarten war Luzie eine der Großen. Und plötzlich gehört sie wieder zu den Kleinen.

Aber dann kam Paula aus der 2 a und hat gefragt, ob Luzie und Lotta mit ihr spielen wollen. Das fand Luzie toll. Luzie freut sich jetzt jedes Mal auf die Hofpause. Da sieht sie nämlich auch Finja. Mit ihr, Lotta, Emil und Selman spielt sie meistens Fangen oder Verstecken. Und wenn sie sich ausruhen wollen, setzen sie sich auf eine Bank und tauschen Sammelkärtchen.

Manchmal gibt es in der Pause Streit, und einige Jungs und Mädchen beschimpfen oder hauen sich. Dann kommt Luzies Klassenlehrerin, Frau Sperling, oder ein anderer Lehrer und schlichtet den Streit.

Letzte Woche haben Tobi und Bastian aus der 4 c einen Mülleimer im Pausenhof ausgekippt. Der Hausmeister hat geschimpft. Die beiden Jungs mussten den Müll wegräumen und anschließend den ganzen Hof kehren.

# Essen und Hausaufgaben

Luzie besucht eine Ganztagsschule. Nach dem Unterricht am Vormittag essen alle Schüler und auch die Lehrer in der Schulmensa zu Mittag – einem großen Raum mit vielen Tischen. Luzie sitzt mit Lotta, Finja, Emil, Selman und Selmans Freund Pamir aus der 1 b an einem Tisch. Heute gibt es Spaghetti mit Tomatensoße. „Lecker!", denkt Luzie, als sie ihren Teller zum Tisch trägt. Jeder bleibt so lange sitzen, bis alle fertig sind mit Essen. Nach dem Essen räumt jeder sein Geschirr weg.

Nach dem Mittagessen ruht sich Luzie aus. In der Leseecke im Ruheraum findet sie immer ein spannendes Buch, das sie sich anschauen kann. Jetzt erkennt sie sogar schon viele Buchstaben und kann manche Wörter lesen. Da macht das Bücheranschauen noch mehr Spaß! Manchmal spielt Luzie auch mit Lotta – am liebsten mit der Ritterburg, oder sie gehen zum Gummihüpfen nach draußen. Emil, Finja und Selman spielen nach dem Mittagessen oft Fußball im Hof.

# Luzies Tag in der Schule

## Mein Arbeitsplatz

Zu Hause erklärt Luzie Ben ganz genau,
was beim Hausaufgabenmachen wichtig ist:

* Lüfte das Zimmer kurz durch.
* Am Arbeitsplatz sollte es ruhig sein.
  Schalte Radio oder CD-Player aus.
* Sorge für einen aufgeräumten Schreib-
  tisch. Es sollte weder Spielzeug noch
  Essen herumliegen.
* Halte Hefte, Bücher
  und Stifte immer
  griffbereit.
* Mache regel-
  mäßig Pausen.

Am Ende der Mittagspause ruft Frau
Sperling alle Schüler der 1 a in den
Klassenraum. Dann beginnt die Lernzeit.
Luzie macht jetzt ihre Hausaufgaben
und übt das, was sie am Vormittag gelernt hat. Sie schreibt neue Buchstaben
und Wörter und löst Rechenaufgaben.
Frau Sperling ist immer dabei und schaut,
dass alle Kinder die Hausaufgaben
richtig machen. Wenn Luzie Hilfe braucht,
kann sie immer fragen. Luzie ist froh,
dass sie die Hausaufgaben in der Schule
erledigen kann. Zu Hause spielt sie
nämlich lieber mit Ben.

# Unterricht mal anders

Nicht immer findet der Unterricht im Klassenzimmer statt. Einmal pro Woche geht die 1 a in den Schulgarten. Jede Klasse hat dort ein großes Beet, in dem sie Blumen und Gemüse anpflanzt. Luzie findet es spannend zu beobachten, wie aus den kleinen Kürbis- oder Zucchinisamen die Pflanzen mit den riesigen Früchten heranwachsen. Im Sommer ernten die Kinder Erbeeren und Tomaten. Am besten schmecken sie direkt vom Strauch!

Einmal im Jahr veranstaltet die Schule eine Projektwoche. Von Montag bis Freitag beschäftigen sich die Kinder dann mit einem bestimmten Thema, zum Beispiel Dinosaurier, Theaterspielen oder Computer. Jeder Lehrer bietet ein anderes Projekt an, und jeder Schüler darf sich aussuchen, an welchem er teilnehmen möchte. Luzie und Finja entscheiden sich für das Zirkusprojekt bei Herrn Weinmann, dem Klassenlehrer der 1 b.

Zusammen mit zehn weiteren Schülern bereiten sie ein Zirkusprogramm mit verschiedenen Kunststücken und einem lustigen Zaubertrick vor. In der Gruppe sind auch Maja, Leonard und Anne aus der vierten Klasse. „Die können bestimmt alles viel besser", flüstert Luzie Finja zu. Aber schnell merken sie, wie lustig die Viertklässler sind, und Luzie und Finja haben jede Menge Spaß beim Einüben der Zirkusnummern.

Am Wandertag machen alle Schulklassen einen Ausflug in die Umgebung. Luzie wandert mit ihrer Klasse in einen nahegelegenen Wald. In ihren Rucksäcken haben die Kinder Proviant dabei: belegte Brote, Obst und viel zu trinken. Im herbstlichen Wald wollen die Kinder Blätter sammeln und herausfinden, von welchem Baum sie stammen. Frau Sperling hat ein Buch dabei, in dem alle Laubbäume abgebildet sind. Die schönsten Blätter trocknen sie anschließend in der Schule und kleben daraus bunte Bilder.

Die 1 a hat auch schon einen Ausflug ins Museum, in den Zoo und zur Feuerwehr gemacht. Und demnächst wollen die Erstklässler mit Frau Sperling einen Bauernhof und die Polizeiwache besuchen.

# Lesen und Schreiben

Luzie ist froh, dass sie endlich lesen und schreiben lernt. Sie mag es zwar gern, wenn Papa oder Mama ihr am Abend vor dem Zubettgehen vorliest, aber Luzie will endlich ihre Geschichtenbücher selbst lesen können. Regelmäßig übt Frau Sperling mit der 1 a neue Buchstaben. L, U, Z, I und E kann Luzie schon. Heute ist das M an der Reihe. Frau Sperling schreibt den Buchstaben groß an die Tafel. Quaki hilft ihr dabei. Dann schreiben Luzie und die anderen Erstklässler eine ganze Reihe des Buchstabens M mit bunten Stiften in ihr Übungsheft.

## Buchstaben üben

Luzie übt am liebsten mit Ben das Schreiben. Kennst du auch schon einige Buchstaben? Probiers doch mal aus. Male Buchstaben mit Kreide auf die Straße, schreibe sie mit einem Stock in den Sand oder forme sie aus Knete oder Kuchenteig. Du kannst auch große Buchstaben aus Fotokarton ausschneiden und malst oder klebst dann Dinge darauf, die mit dem Buchstaben anfangen – Knöpfe auf das K oder Wattebällchen auf das W.

„Welche Wörter fangen mit M an?",
fragt Frau Sperling. Luzie meldet sich:
„Mama, Maus, Maschine." Emil sagt:
„Mäppchen, Milch, Mond, Mund." Das
M kennt Emil schon, denn es kommt
in seinem Namen vor. Für Luzie und
Lotta ist der Buchstabe noch ganz neu.
Dann zeigt Frau Sperling der Klasse
an der Tafel Bilder. Einige der Gegen-
stände und Tiere fangen mit M an.
Einige beginnen jedoch mit einem ande-
ren Laut. Findest du heraus, welche?

Seit einigen Tagen ist Cheng in Luzies
Klasse. Er kommt aus Hongkong und
wohnt erst seit Kurzem in Deutschland.
Cheng spricht Chinesisch und Englisch,
aber kaum Deutsch. Wenn die Klasse
Lesen und Schreiben übt, geht Cheng
mit Herrn Baier in einen anderen
Raum und lernt Deutsch. Herr Baier
gibt auch Penelope, dem Mädchen
aus Spanien, sowie Annalena
und Konstantin, den russischen
Zwillingen aus der 1 b, Deutsch-
unterricht.

# Rechnen

Frau Sperling holt eine Kiste mit Bauklötzen aus dem Regal und verteilt auf jedem Tisch im Klassensaal einige Klötzchen. „Wie viele viereckige Bauklötze liegen auf eurem Tisch?", fragt sie. „Zählt sie bitte, malt ein Viereck in euer Heft und schreibt die Zahl daneben. Dann macht ihr dasselbe mit den runden und den dreieckigen Bauklötzen."

Luzie zählt fünf viereckige, drei runde und sechs dreieckige Klötze. Zählen kann Luzie gut. Aber das Zahlenschreiben fällt ihr schwer. Vor allem die Fünf kann sie sich nicht gut merken. Luzie meldet sich und bittet Frau Sperling, ihr zu helfen. „Aber gern, Luzie", sagt die Lehrerin. Zusammen mit Quaki zeigt sie Luzie noch einmal, wie man die Fünf schreibt. Jetzt schafft es Luzie auch allein.

Rechnen können die Schüler der 1 a nun schon bis zehn. Frau Sperling zeigt den Erstklässlern, wie man rote und blaue Mengenplättchen zu Hilfe nehmen kann. Sie legt fünf blaue Plättchen und drei rote Plättchen in eine Reihe. „Fünf plus drei gleich acht", erklärt sie.

Luzie und Lotta haben sich eine Rechenraupe gebastelt. Sie besteht aus einem Kopf mit zehn Holzperlen als Körper. Beim Rechnen zählt Luzie einfach die Holzperlen ab, und schon hat sie das Ergebnis. Mit zwei Raupen können Luzie und Lotta sogar schon fast bis 20 rechnen.

## Buntes Formenpuzzle

Luzie puzzelt gern Bilder aus bunten Quadraten, Rechtecken, Dreiecken und Kreisen. Möchtest du es auch versuchen? Schneide aus buntem Tonpapier geometrische Formen wie Quadrat, Rechteck, Dreieck und Kreis aus. Du kannst Bauklötze als Schablone benutzen. Lege sie auf das Tonpapier und fahre mit einem Bleistift die Umrisse nach. Schneide die Formen aus und lege damit ein Haus, ein Schiff oder einen Baum.

# Sachunterricht

Luzies Lieblingsfach ist der Sachunterricht. Was sie da für spannende Dinge lernt! Alles über Pflanzen und Tiere, das Wetter, Tag und Nacht, die Jahreszeiten, Technik, Berufe wie Feuerwehrmann oder Polizistin und noch vieles mehr.
Für heute sollten die Kinder verschiedene Dinge zum Thema Bauernhof sammeln und mitbringen. Denn bald wird Frau Sperling mit der Klasse einen Bauernhof besuchen. Selman hat seinen Spielzeugtraktor dabei, Emil ein Buch über den Bauernhof und Luzie ihre Spielzeug-Bauernhoftiere. Die Erstklässler schauen sich alles genau an, und Frau Sperling erklärt, welche Pflanzen auf den Feldern eines Hofs angebaut und welche Lebensmittel von den Tieren gewonnen werden.

Dann löst jeder Tisch eine Forscheraufgabe in Gruppenarbeit. Ein paar Erstklässler finden im Internet heraus, mit welchen Maschinen der Landwirt seine Felder bestellt und was er dort anbaut. Jeder malt dazu ein Bild. Anschließend kleben die Kinder alle Bilder auf ein großes Plakat.

35

Luzie macht im Sachunterricht auch Experimente. „Das sind wissenschaftliche Versuche", erklärt Frau Sperling. Die Klasse will zum Beispiel herausfinden, wie sich eine Pflanze entwickelt. Die Erstklässler stecken Bohnen in Blumentöpfe mit Erde, gießen sie und stellen die Töpfe auf die Fensterbank. Jeden Morgen schauen Luzie und ihre Mitschüler nach den Bohnen. In ihre Hefte notieren sie, wann die Bohnen keimen, wann sie die Keimblätter entfalten, wie groß die Pflanze wird und wann sie Blüten und Schoten mit neuen Bohnen bekommt.

### Forscheraufgaben lösen

Zu Hause erklärt Luzie Ben, wie man Forscheraufgaben löst. „Man kann sich auf verschiedene Weise Informationen beschaffen", sagt sie.

* Ich gehe in eine Bücherei.
* Ich schlage in meinen Sachbüchern oder im Lexikon nach.
* Ich frage Freunde oder Verwandte. 
* Ich schaue im Internet nach.
* Ich frage einen Experten.

# Fremdsprachen

Jeden Tag sprechen Frau Sperling und Quaki mit den Kindern der 1 a Englisch. Am Anfang fand Luzie das komisch, weil sie gar nichts verstanden hat. Aber mittlerweile kennt sie schon viele Wörter. Die Lehrerin zeigt den Erstklässlern ab und zu englische Kindersendungen im Fernsehen, oder sie hören ein englisches Hörspiel auf CD.

Heute sehen sie eine Sendung über eine Familie, die auf dem Markt Obst und Gemüse einkauft. Anschließend hält Frau Sperling Bildkarten von Äpfeln, Birnen und Karotten hoch, und die Kinder sprechen die englischen Wörter nach. Dann spielen sie selbst eine Marktszene.

Luzie und Emil kaufen ein, und Cheng ist der Verkäufer. Das macht Spaß! Cheng spricht sehr gut Englisch. Das hat er in Hongkong gelernt. „Dort wird Englisch und Chinesisch gesprochen", erklärt er. Von ihm können Luzie und die anderen viel lernen!

Frau Sperling singt mit der Klasse viele englische Lieder. Luzies Lieblingslied ist „Old MacDonald had a farm". Das haben die Kinder auch schon im Sachunterricht gesungen, als sie den Bauernhof durchgenommen haben.

Cheng kennt viele englische und chinesische Lieder. Neulich hat er Luzie und den anderen Schülern der 1 a ein chinesisches Kinderlied beigebracht. Manchmal erzählt Cheng auch von seiner Heimat Hongkong – wo er wohnte, wie sein Alltag im Kindergarten und in der Schule

aussah und dass in China jedes Jahr ein Drachenfest gefeiert wird. Auch Selman erzählt, wie seine Großeltern in der Türkei leben. Die anderen hören neugierig zu. „In China und in der Türkei ist vieles ganz anders als bei uns", denkt Luzie. Luzie findet es spannend, dass Cheng und Selman in ihrer Klasse sind und sie so viel über die Heimat ihrer Familien von ihnen erfährt. Aber am besten findet sie, wenn jemand aus der Klasse Geburtstag hat. Dann singt die 1 a nämlich das Geburtstagslied in vier Sprachen!

# Musik und Kunst

Zweimal pro Woche macht die 1 a Musik. Dann sitzen die Erstklässler im Klassenzimmer in einem großen Kreis und singen Lieder und klatschen dazu, oder Frau Sperling begleitet den Gesang auf der Gitarre. Manchmal tanzen die Kinder auch. Das gefällt Luzie nicht so gut, denn sie tanzt nicht gern. Dafür liebt sie die Orff-Instrumente: Xylofon, Metallofon, Triangel, Becken, Schellenbänder, Tamburin, Trommeln, Rasseln, Kastagnetten, Klanghölzer und Pauken. Wenn Frau Sperling die Instrumente aus dem Schrank holt, wird es laut im Klassenraum. Dann dürfen die Erstklässler Musik erfinden. „Improvisieren nennt man das", sagt Frau Sperling. Ein Instrument beginnt mit einer einfachen Melodie oder einem Rhythmus. Danach stimmen alle anderen ein und versuchen, etwas dazu Passendes mit ihrem Instrument zu spielen.

In der Grundschule wird oft gemalt und gebastelt, vor allem im Fach „Bildende Kunst". Meist malt und bastelt Frau Sperling mit der Klasse irgendetwas, das zur Jahreszeit passt. Die Erstklässler bemalen Ostereier, kleben bunte Bilder aus Herbstblättern und basteln Laternen oder Weihnachtsschmuck. Die Kunstwerke hängt Frau Sperling im Flur vor dem Klassenzimmer auf. So kann jeder sie im Vorbeigehen bewundern. Auch die riesigen Fenster des Klassenraums dürfen Luzie und ihre Mitschüler bemalen.

## Wörter klatschen

„Wusstest du, dass alle Wörter und Sätze einen Rhythmus haben?", fragt Luzie Ben am Wochenende. „Lu-zie - und - Ben - ma-chen - Quatsch", sagt sie ganz deutlich und klatscht bei jeder Silbe in die Hände. Kennst du auch lustige Klatschreime?

Einmal pro Woche geht die 1 a in den Werkraum. Dort stehen Werkbänke, an denen man Holz sägen, nageln und schrauben kann. Und es gibt echtes Werkzeug! Luzie, Emil und Lotta haben einen Plan von einem Floß mit Segel gezeichnet, das sie nun aus einem dünnen Holzbrett aussägen und zusammenleimen. Puh, ganz schön anstrengend!

# Religion und Ethik

Dass auch Religion ein Schulfach ist, findet Luzie etwas merkwürdig. „Was lernt man denn da?", fragt sie Papa. Papa weiß es auch nicht so genau. Also ist Luzie besonders gespannt. Pfarrerin Birnbaum, bei der Luzie Religionsunterricht hat, liest oft Geschichten aus der Bibel vor.

Zum Beispiel die Geschichte von Jona im Bauch des Wals oder die Geschichte von Jesu Geburt an Weihnachten. Die Erstklässler sprechen dann über die Geschichte und was man daraus für unser Leben heute lernen kann. Manchmal malen sie dazu Bilder.

Auf die Religionsstunden freut sich Luzie immer besonders. Denn dann ist sie mit ihrer besten Freundin Finja aus der 1 b zusammen.

Luzie und Finja besuchen den evangelischen Religionsunterricht. Die katholischen Kinder der 1 a und 1 b werden von Pfarrer Wagner unterrichtet.

Selman und Cheng besuchen weder den evangelischen noch den katholischen Unterricht, denn Selman ist Muslim, und Cheng ist Buddhist. „Muslime glauben an Allah und beten nicht in einer Kirche wie Christen, sondern in einer Moschee. Buddhisten verehren Buddha und beten in einem Tempel", erklärt Frau Sperling der Klasse. Wenn Luzie Religion hat, gehen die beiden Jungen zum Ethikunterricht. Ethik beschäftigt sich mit der Frage, wie Menschen sich verhalten sollen, damit alle friedlich miteinander leben.

Selman und Cheng feiern zu Hause auch nicht Weihnachten oder Ostern. Denn das sind christliche Feste. „Aber was gibt es dann für Feste bei euch?", fragt Luzie neugierig. Selman und Cheng berichten, welche Bräuche und Feste ihre Familien kennen. Luzie und ihre Mitschüler wollen daraufhin in der Klasse alle Feste feiern – christliche, muslimische und buddhistische und auch das chinesische Neujahrsfest. Das neue Jahr beginnt in China nämlich nicht am 1. Januar, sondern erst einige Wochen später.

# Sport

An drei Tagen in der Woche hat Luzie Sportunterricht. Dann darf sie ihren Turnbeutel nicht vergessen. Darin hat sie eine rote Sporthose, ein T-Shirt und Turnschuhe. Denn die Sporthalle darf man nicht mit Straßenschuhen betreten.

Vor dem Sport ziehen sich Luzie und ihre Mitschüler im Umkleideraum um. Zum Glück kann Luzie das schon allein. Dennis braucht Hilfe beim An- und Ausziehen. Herr Martin, der Integrationshelfer, unterstützt ihn dabei.

Sportunterricht hat Luzie bei Herrn Weinmann, dem Klassenlehrer der 1 b. Er denkt sich immer tolle Sachen aus. Manchmal bauen sie eine Kletterlandschaft in der Turnhalle auf. Über die muss man gehen, ohne den Boden zu berühren. „Das ist gar nicht so einfach", findet Luzie. Oft spielen die Erstklässler Völkerball oder Sanitäterball.

Dabei treten zwei Mannschaften gegeneinander an und müssen sich mit einem Softball gegenseitig abwerfen. Emil, Selman und Lotta finden das Spiel superlustig. Luzie turnt lieber. Herr Weinmann bringt ihnen bei, wie man einen Purzelbaum macht oder ein Rad schlägt. Und manchmal balancieren sie über den Schwebebalken.

Im Sommer bei schönem Wetter geht
die 1 a im Sportunterricht nach draußen.
Hinter der Schule gibt es eine Außen-
sportanlage mit einer Laufbahn,
einem Sandkasten für Weitsprung
und einem großen Feld für den
Ballweitwurf. Luzie liebt es,
mit Lotta, Emil und Selman
um die Wette zu laufen
und zu springen.
„Leichtathletik heißt
das", erklärt Luzie
zu Hause Ben.

## Lustige Bewegungsspiele

Luzie übt mit Ben für das Schulsportfest.
Sie laufen und springen um die Wette,
und Ben fängt den Ball, den Luzie wirft.
Nicht so gut ist Ben beim Purzelbaum-
machen oder Rückwärtsgehen. Kannst du
rückwärtslaufen? Vielleicht sogar auf den
Zehenspitzen oder auf den Fersen?
Oder beim Laufen die Arme
kreisen lassen? Probiers doch
mal aus!

Einmal im Jahr veranstaltet die Schule
Bundesjugendspiele. Das ist wie eine
Schüler-Olympiade, bei der die Kinder
um die Wette laufen, weitspringen
und Ballweitwurf machen. Herr Weinmann stoppt beim Laufen die Zeit
und misst, wie weit Luzie und ihre Mitschüler gesprungen sind oder den Ball
geworfen haben. Wer besonders gut war,
bekommt eine Sieger- oder eine Ehren-
urkunde und eine Medaille.

# Tests, Noten und Zeugnisse

„Bekomme ich in der Schule eigentlich von Anfang an Noten?", fragt Luzie Mama eines Abends. „Nein, Luzie. In den ersten beiden Schuljahren bekommst du noch keine Noten", antwortet Mama. Beim Elternabend hat Frau Sperling Mama, Papa und den anderen Eltern alles über den Schulanfang, die Fächer, Hausaufgaben, Klassenarbeiten und Zeugnisse erklärt. „Frau Sperling schreibt am Ende des Schuljahres für jedes Kind ein Zeugnis", sagt Mama. „Darin steht dann zum Beispiel: ‚Luzie kann sich gut auf den Unterricht konzentrieren, meldet sich oft

und macht regelmäßig ihre Hausaufgaben. Sie stellt gute Fragen und hört anderen aufmerksam zu. Sie kann gut Gedichte auswendig lernen und singt gerne. Beim Rechnen bis 20 braucht sie ab und zu Hilfe. Besonders interessiert sie sich für den Sachunterricht.'"

## Lernen mit Spaß

Luzie macht es Spaß, zusammen mit ihren Mitschülern neue Sachen zu lernen. Wenn sie etwas nicht versteht, helfen ihr die anderen oder die Lehrerin. Zu Hause packt sie mit Ben jeden Abend ihren Schulranzen für den nächsten Tag. Manchmal üben sie auch gemeinsam. Dann liest Luzie Ben etwas vor, oder sie zählen Luzies Autos, Bauklötze und Bücher.

WAU, WAU!

„Und woher weiß Frau Sperling das alles?", fragt Luzie weiter. „Weil sie dich im Unterricht erlebt, weil sie deine Hausaufgaben durchsieht und weil sie genau beobachtet, wie du rechnest und vorliest oder welche Wörter du schon schreiben kannst."

Einige Zeit später schreibt Luzies Klasse ein Diktat. Frau Sperling liest ganz langsam, Satz für Satz, eine kurze Geschichte vor, und Luzie und die anderen schreiben sie auf. „Wenn ihr unsicher seid, wie ein Wort geschrieben wird, ist das nicht schlimm. Versucht, nach Gehör zu schreiben", sagt Frau Sperling.

„Warum schreiben wir eigentlich Diktate oder Rechentests?", fragt Luzie. „So sehe ich, ob ihr alles verstanden habt und was wir zusammen vielleicht noch ein bisschen üben können", erklärt Frau Sperling. „Wenn euch bei einem Diktat zum Beispiel bestimmte Wörter schwergefallen sind, kann ich mir zu diesen Wörtern ein paar Übungen ausdenken, damit euch das Schreiben leichter fällt!"

45

# Elterntipps

**Liebe Eltern,**

der Start ins Schulleben ist für jedes Kind ein großes Ereignis, dem es stolz und gespannt entgegenfiebert. Verständlich daher, dass Schulanfänger Fragen über Fragen haben: Wie sieht es in der Schule aus? Was passiert am ersten Schultag? Was lerne ich alles? Komme ich mit meiner besten Freundin oder meinem besten Freund in eine Klasse? Was ist, wenn ich mal nicht weiterweiß oder wenn ich etwas nicht verstehe?

In die Vorfreude und Neugier mischen sich zuweilen vielleicht auch Unbehagen oder sogar Angst vor dem, was da kommt. Denn die meisten Kinder erleben die Einschulung sehr bewusst als Beginn eines neuen Lebensabschnitts. Eben noch im Kindergarten die „Großen" gehören sie nun in der Schule wieder zu den „Kleinen". Vertraut mit den Erzieherinnen, Regeln und Abläufen im Kindergarten, müssen sie sich nun in der Schule in ein völlig neues Ordnungsgefüge einpassen, eine Bindung zu neuen Vertrauenspersonen aufbauen und neue Freunde finden. Mit

Frühaufstehen, Schulweg und Hausaufgaben verändert sich auch der Alltag mit dem Eintritt in die Schule grundlegend und ist viel stärker als zuvor geprägt von Regelmäßigkeit, Pünktlichkeit und Disziplin.

## Was können Sie als Eltern tun?

In der Regel wird der Übergang vom Kindergarten in die Schule schon im letzten Kindergartenjahr vorbereitet. Aber auch Sie als Eltern können Ihr Kind dabei unterstützen und mögliche Ängste auffangen. Machen Sie am Wochenende einen Spaziergang oder eine Fahrradtour zur künftigen Schule und üben Sie mit Ihrem Kind rechtzeitig den Schulweg. Wichtig ist darüber hinaus, eine positive Haltung zur Schule zu vermitteln. Freuen Sie sich mit Ihrem Kind, dass es eingeschult wird. Nehmen Sie an dem großen Ereignis Anteil, indem beide Elternteile das Kind zur Einschulung begleiten, und machen Sie den Tag zu einem Fest für Ihr Kind. Auch wenn es auf Ihrer Seite Befürchtungen gibt, dass Ihr Kind den Erwartungen in der Schule vielleicht nicht gerecht wird, sollten Sie weder sich noch Ihr Kind unter Druck setzen. Schenken Sie ihm stattdessen Vertrauen und Anerkennung, auch wenn es einmal nicht ganz so rund laufen sollte. Ermutigen Sie Ihr Kind, neugierig und offen zu sein. Schule ist spannend! Fördern Sie die Lust Ihres Kindes, Kontakte zu knüpfen, und die Fähigkeit, sich selbst etwas zuzutrauen und zu wissen, wie es sich Hilfe holen kann, wenn es nicht weiterkommt.

## Ranzen, Schreibtisch usw.

Wichtig für einen gelungenen Start in das Schulleben ist auch der richtige Schulranzen. Kinder haben meist genaue Vorstellungen, was ihnen gefällt. Achten Sie beim Kauf darauf, dass der Ranzen stabil ist und Ihrem Kind passt. Er sollte nicht mehr als 1,5 Kilogramm wiegen, nicht breiter als die Schulterbreite Ihres Kindes sein, verstellbare Gurte und ausreichend Reflektoren haben. Am besten probiert Ihr Kind den Ranzen im Geschäft aus. Bei Schreibtisch und Schreibtischstuhl ist es wichtig, dass die Sitz- und Tischhöhe verstellt werden können. Eine Schreibtischplatte, die man schräg stellen kann, entlastet den Rücken. Auf dem Stuhl sollten die Oberschenkel Ihres Kindes auf der Sitzfläche aufliegen, die Unterschenkel sollten möglichst senkrecht stehen und die Fußsohlen komplett den Boden berühren.

## Gezielt fördern?

Eltern sind häufig verunsichert, was ihr Kind bei Schulbeginn „können muss". Erzieher und Grundschullehrer empfehlen als sinnvolle vorschulische Förderung, neben motorischen und sozialen auch bestimmte kognitive Fähigkeiten auszubilden. Das bedeutet, es ist nicht notwendig, vorab Buchstaben, Zahlen und Wörter schreiben zu lernen. Viel wichtiger ist es, Wahrnehmung, Merkfähigkeit, sprachliche Kompetenz (wie z. B. Lautdifferenzierung, also ähnlich klingende Laute unterscheiden und Anlaute richtig hören können), Ausdauer sowie Grob- und Feinmotorik zu schulen. Türme oder Legofiguren nachbauen, basteln, mit der Schere ausschneiden, Bilder ausmalen, Puzzle legen, Memory spielen, Geschichten vorlesen, Ball spielen sowie Klatschreime und Sprachspiele sind dafür bestens geeignet.

# Elterntipps

**Gute Startbedingungen**

Für einen guten und erfolgreichen Start in die Grundschule ist es hilfreich, wenn Ihr Kind darüber hinaus folgende Dinge bereits eigenständig kann:

* Name, Alter, Straße, Wohnort, Telefonnummer wissen und nennen
* den Schulweg kennen
* Schuhe binden
* Knöpfe und Reißverschluss zumachen
* sich allein anziehen
* sich an der Ampel und beim Überqueren der Straße richtig verhalten
* sich fünf Minuten auf eine Sache konzentrieren
* Farben, Formen und Muster erkennen, benennen und unterscheiden
* kleine Mengen zählen
* ein Bild beschreiben
* eine kleine Geschichte nacherzählen
* malen
* mit der Schere etwas ausschneiden
* balancieren
* einen Ball fangen

Falls Sie sich unsicher sind, ob Ihr Kind die Voraussetzungen erfüllt, oder wenn Sie Fragen haben, ist ein Gespräch mit der Erzieherin, der Rektorin, der Klassenlehrerin oder dem Kinderarzt empfehlenswert.

Liebe Eltern, vor Ihnen liegt eine aufregende Zeit. Wir wünschen Ihrem Kind einen guten Start ins Schulleben und Ihnen viel Freude, Kraft, Kreativität und Ausdauer, Ihr Kind auf diesem spannenden Weg zu begleiten.

Ihre Duden-Redaktion

# Lesedetektive – Erstlesebücher

Der Lesedetektiv begleitet auch Grundschulkinder beim Lesenlernen. Fragen zum Text fördern gezielt das Leseverständnis. Mit Detektivwerkzeug zum Entschlüsseln der Antworten.

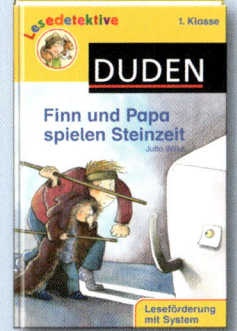

Jeweils
32 Seiten
15,3 × 22,8 cm
Gebunden

## 1. Klasse

- Das verschwundene Geschenk
  ISBN 978-3-411-80846-5
- Die Schildkröte im Klassenzimmer
  ISBN 978-3-411-70814-7
- Ein Bär reißt aus
  ISBN 978-3-411-70815-4
- Klarer Fall für Anna Blum!
  ISBN 978-3-411-71076-8
- Finn und Papa spielen Steinzeit
  ISBN 978-3-411-80859-5
- Amelie lernt hexen
  ISBN 978-3-411-70804-8

# Lesedetektive – Mal mit!

- Neuartige Kombination aus Erstlese- und Malbuch für kreative Leseförderung
- Das Kind vervollständigt die Illustrationen selbst anhand des Textes
- Der Lesedetektiv hilft durch gezielte Aufgaben, die zeichnerisch gelöst werden

## 1. Klasse

- Prinzessin Ella sucht das Abenteuer
  ISBN 978-3-411-80964-6
- Zauberlehrling Mimo
  ISBN 978-3-411-80963-9
- Der verschwundene Roboter
  ISBN 978-3-411-80841-0
- Ein Pflegepferd für Lina
  ISBN 978-3-411-80839-7

Jeweils
64 Seiten
19,4 × 23,4 cm
Broschur

Weitere Titel auf **www.duden.de**